Abenteurer-Ausweis

Hier bitte
ein Foto
einkleben!

Name

Alter

Größe

Alle Tipps und Informationen in diesem Buch
sind sorgfältig ausgewählt und geprüft.
Dennoch können weder Urheber noch Verlag
eine Garantie übernehmen. Eine Haftung für
Personen-, Sach- und Vermögensschäden
ist ausgeschlossen.

Haftungsausschluss für Links:
Urheber und Verlag haften nicht für Schäden,
die durch das Aufrufen der im Buch aufgeführten
Internetseiten oder die Verwendung ihrer Inhalte
entstehen. Web-Links können sich ändern oder veralten.
Für alle im Buch aufgeführten Internetseiten,
deren Inhalte und ihre technische Sicherheit
sind ausschließlich deren Betreiber verantwortlich.

FSC
www.fsc.org
MIX
Papier aus verantwortungsvollen Quellen
FSC® C020056

5 4 3 2 1 19 18 17 16 15
ISBN 978-3-649-62072-3

Hafenweg 30, 48155 Münster, Germany
CH: Baumgartner Bücher AG, Centralweg 16, 8910 Affoltern a.A.

Konzept und Text: Brigitte Hoffmann
Illustrationen: Jutta Wetzel
Fotos: siehe Nachweis auf Seite 76
Satz: Alexander Nuißl
Redaktion: Susanne Tommes
Printed in China

www.coppenrath.de

Brigitte Hoffmann

Achtung, fertig, Abenteuer!

52 Ideen zum Forschen, Bauen und Spielen in der Natur

Mit Illustrationen von Jutta Wetzel

COPPENRATH

Hallo, Abenteurer!

Die Hausaufgaben sind fertig oder können warten. Schule – was ist das? Am Nachmittag und am Wochenende warten spannende Abenteuer auf dich. Jetzt ist Zeit für Experimente, Bauprojekte, Spiele und jede Menge Spaß! In diesem Buch findest du 52 Ideen zum Sofort-Loslegen und Platz, um deine Erlebnisse gleich festzuhalten – mit Fotos, Zeichnungen oder kurzen Texten.

Als echter Abenteurer willst du bestimmt ...

- die Natur erforschen – komm Tieren und Pflanzen auf die Spur, untersuche Wind, Wetter, Wälder, Wiesen und das Wasser,
- aus Fundstücken Neues bauen – stelle dein eigenes Sonnenzelt und lustige Spielgeräte selbst her,
- in der Wildnis spielen – entdecke spannende Spiele mit Spaßgarantie,
- unter freiem Himmel kochen – versorg dich selbst wie ein Trapper im Wilden Westen.

Auf ins Abenteuer!

Inhaltsverzeichnis

Immer den Vögeln nach

Du brauchst:
Fernglas, Stift

Als Vogelforscher pirschst du vorsichtig und leise durch die Landschaft. Spaziere am besten zu Feldern und Wiesen, die an Hecken und Waldstücke grenzen. Viele Vogelarten verstecken sich hier, bauen Nester und suchen Futter. Du kannst auch einen Sitzast in den Grund eines seichten Gewässers oder in eine Wiese stecken und dich mit ein paar Schritten Abstand auf die Lauer legen. Vorsicht! Fasse die Vögel niemals an und störe sie nicht. Kreuze an, welche Vögel du entdeckt hast.

Kohlmeise ☐

Elster ☐

Graureiher ☐

☐ Rotkehlchen

☐ Mäusebussard

Natürlich gibt es noch viel mehr Vogelarten. Zu Hause kannst du im Internet nachlesen, wie sie heißen: www.nabu.de/naturerleben/onlinevogelfuehrer

Im Herbst rasten Kraniche auf einem Feld, bevor sie weiter nach Süden fliegen.

Besonders spannend ist es, Zugvögel zu beobachten. Tiere, die sonst teilweise allein oder zu zweit leben, schließen sich zu großen Gruppen zusammen. Gemeinsam begeben sie sich auf die gefährliche Reise zu ihren Winterquartieren im Süden oder ihren Brutplätzen im Norden. Dabei legen sie teilweise Tausende Kilometer zurück. Im Frühjahr und im Herbst kannst du ihre Schwärme am Himmel sehen. In bestimmten Gebieten machen die Vögel auf Feldern und Wiesen oder in der Nähe von Gewässern Rast. Manchmal sitzt auch ein ganzer Schwarm kleinerer Singvögel in einem Baum.

Zugvögel fliegen oft in einer keilförmigen Formation. Die kräftigsten Vögel wechseln sich an der Spitze ab, weil das Fliegen dort am anstrengendsten ist. Alle anderen sparen im Windschatten der vorausfliegenden Tiere Energie — wie beim Radsport, wenn ein Fahrer im Windschatten des anderen fährt.

Wildgänse im keilförmigen Formationsflug

Expedition in eine Höhle

Du brauchst:
warme Kleidung, feste Schuhe, Taschen- und/oder Kopflampe, Fotoapparat oder Handy mit Fotofunktion, Stift, einen Erwachsenen als Begleitung

Bestimmt gibt es in deiner Nähe eine Höhle, die man besichtigen kann. Auf dieser Internetseite findest du einen Überblick:
www.vdhk.de/schauhoehlen

Taste dich vorsichtig in die Höhle hinein. Vor jedem Schritt leuchtest du deinen Weg aus. Gibt es Löcher im Boden oder abschüssige, rutschige Stellen? Entdeckst du Leuchtmoose, funkelnde Gesteine (Kristalle) oder sogar Tropfsteine? Mache Fotos und lausche. Was hörst du?

Wenn du das Leuchtmoos mit deiner Taschenlampe anstrahlst, leuchtet es zurück — wie ein Reflektor am Fahrrad.

Es gibt zwei Arten von Tropfsteinen: Die Stalaktiten hängen von oben nach unten …

… die Stalagmiten wachsen von unten nach oben.

Ich als Höhlenforscher:

Diese Höhle haben wir besucht:

Besonders gruselig war:

Besonders gefährlich war:

Besonders lustig war:

Lauschen wie ein Luchs

Ein Luchs ist eine große Katze.

Die Natur ist voller Stimmen und Geräusche – vor allem in Parks, Wäldern und Gärten, wo sich viele Tiere verstecken. Dein Mitspieler verbindet dir die Augen, führt dich herum und passt auf, dass du nicht stolperst und dich nicht stößt.

Du brauchst:
Tuch als Augenbinde, Stift, einen Mitspieler

Was hörst du? Das Summen einer Fliege oder Biene? Das Klopfen eines Spechts? Rascheln im Gras oder im Laub? Das Knacken eines Astes? Vogelstimmen? Dann stellst du dich ganz still hin. Bewege auch nicht den Kopf. Aus welcher Richtung kommen welche Geräusche? Wenn du Lust hast, trage hier ein, was du gehört hast.

Mein Geräusche-Panorama:

Um die Stimmen aus der Natur zu erkennen, kannst du zu Hause diesen Link anklicken: www.tierstimmenarchiv.de/schuelerportal

Wittern wie ein Wolf

Wenn der Wind gut steht, wittern Wölfe ein Beutetier in 2 km Entfernung.

An einem warmen Tag sind die Düfte und Gerüche im Wald besonders intensiv. Kannst du sie erschnuppern? Setz dich mit verbundenen Augen auf den Waldboden oder auf einen Baumstumpf. Dein Mitspieler sammelt unterschiedliche Dinge und hält sie dir unter die Nase. Dann tauscht ihr die Rollen. Wer erkennt die meisten Gegenstände am Geruch? Stark duften zum Beispiel diese Sachen:

Du brauchst:
Tuch als Augenbinde, einen Mitspieler

Moos

Waldmeisterblüten

Waldhimbeere

Tannennadeln

Himmelsgucker

Ein Abenteuer für sternklare Nächte: Wandere zu einem Hügel ohne Häuser und Straßenbeleuchtung. Hier sind die Sterne deutlich zu sehen. Findest du diese Sternbilder?

Du brauchst:
Taschenlampe, rotes Tuch, einen Erwachsenen

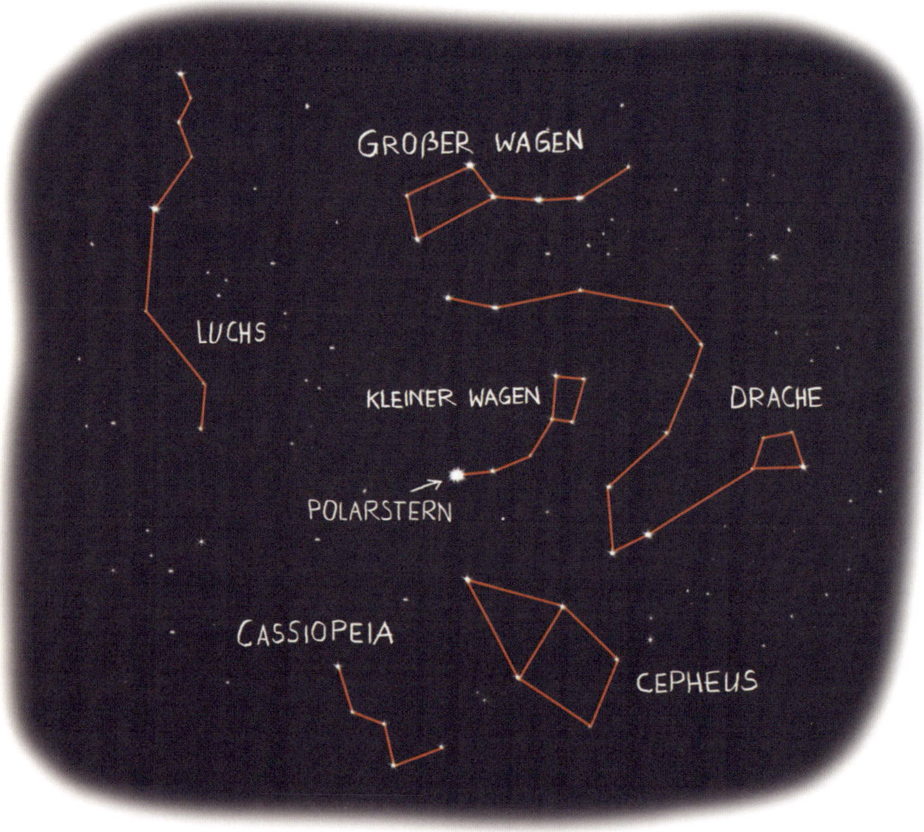

Tipp: Um die Sternbilder am Himmel mit denen in diesem Buch vergleichen zu können, legst du das rote Tuch über deine Taschenlampe und leuchtest dann in dein Buch. So blendet dich das Licht der Taschenlampe im Dunkeln nicht so sehr.

Nur der Polarstern und die Sterne in seiner Nähe sind das ganze Jahr hindurch zu sehen. Daneben gibt es jeden Monat andere Sternbilder, die tief am Horizont auf- und wieder untergehen. Im Verlauf eines Jahres scheint sich der Nachthimmel einmal um den Polarstern herumzudrehen. Über den aktuellen Sternenhimmel kannst du dich hier informieren:
www.deepskybeobachtung.de

Die Weltraumstation ISS

Doch am Himmel sind nicht nur Sterne unterwegs. Mit ein bisschen Glück kannst du auch Kometen, Sternschnuppen, Planeten, Flugzeuge und die Raumstation ISS entdecken. Wo und wann du die genau sehen kannst, erfährst du hier:
iss.de.astroviewer.net/beobachtung.php

Mit dem Rad in die Wolken

Du brauchst:
Fahrrad, Helm und Flickzeug, Proviant, Landkarte, Sonnencreme, Desinfektionsspray und Pflaster für alle Fälle, Fotoapparat oder Handy mit Fotofunktion, einen Erwachsenen

Wolke ist nicht gleich Wolke! Werde einen Tag lang zum Wolkensammler! Pack deinen Rucksack schon am Vorabend. Mit der Landkarte (Maßstab: 1:25 000) planst du deine Route. Sie sollte nicht länger als 20 km sein. Wenn sie sehr bergig ist, nimm dir höchstens 10 km vor.

Am nächsten Morgen kannst du gleich nach dem Frühstück starten. Wie verändern sich auf deiner Tour die Wolken am Himmel? Halte an und fotografiere jede neue Wolkenart, die du entdeckst. Du kannst vier Arten unterscheiden.

Schichtwolken (Stratus/Altostratus) bringen manchmal Nieselregen.

Viele Federwolken (Cirrus) kündigen wärmeres Wetter an.

Regen- und Gewitterwolken (Cumulonimbus) wachsen sehr schnell.

Schäfchenwolken (Cumulus) versprechen schönes Wetter.

Meine schönsten Wolkenbilder

Datum:

Fundort:

Datum:

Fundort:

Datum:

Fundort:

Datum:

Fundort:

Brise, Wind und Sturm

Spaziere an einem windigen Tag zu einem Hügel (oder Turm), über den der Wind frei hinwegwehen kann. Am spannendsten wird dein Experiment, wenn der Wind böig, also mal stärker und mal schwächer bläst. Suche dir einen trockenen, etwa 1 cm dicken und 1 bis 2 m langen Stock und knote zwei nebeneinanderliegende Ecken des Tuches fest an das obere Ende. Wenn du den Stock jetzt an verschiedenen Stellen am Hügel in die Höhe hältst, kannst du Windstärken messen.

Du brauchst:
großes Stofftaschentuch oder leichtes Kinderhalstuch, Stift, einen Erwachsenen

Die **Beaufort-Skala** ist eine Bestimmungs-Tabelle für Windstärken:

Windstärke	Windgeschwindigkeit (km/h = Kilometer pro Stunde)	Auswirkungen
0 (Windstille)	weniger als 1 km/h	
2 (leichte Brise)	6–11 km/h	
4 (mäßige Brise)	20–28 km/h	
6 (starker Wind)	39–49 km/h	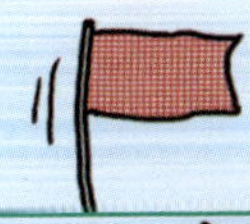
8 (stürmischer Wind)	62–74 km/h	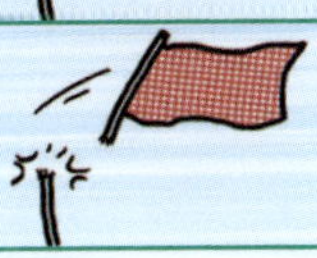
10 (schwerer Sturm)	89–102 km/h	Bleib im Haus! 

Diese Windstärken habe ich gemessen:

	Auf dem Hügel	Vor dem Hügel	Hinter dem Hügel
Wie stand die Flagge im Wind?			
Windstärke nach Beaufort			

Schwebendes Wasser

Du brauchst:
3 durchsichtige Plastiktüten, Bastelschnur, Schere, Picknickdecke, Proviant, Fotoapparat oder Handy mit Fotofunktion, Messbecher

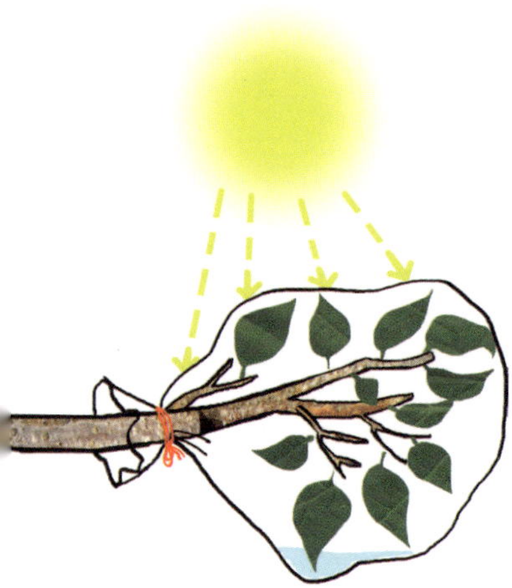

Suche dir an einem warmen Sommertag drei Büsche mit unterschiedlichen Blättern aus. Binde jeweils eine Plastiktüte um kleine waagerechte Äste. In allen drei Tüten sollte gleich viel Laub stecken. Während du ein Picknick machst, sammelt sich Wasser in den Plastiktüten! Pflanzen saugen Wasser aus dem Boden und transportieren es bis in die Blätter. Von dort steigt es als unsichtbarer Wasserdampf in die Luft. Aus der Tüte kann der Wasserdampf nicht entweichen und wird nach einer Weile wieder als Wasser sichtbar.

So sahen „meine“ Blätter aus:

Tüte Nr. 1	Tüte Nr. 2	Tüte Nr. 3
Wassermenge (ml)	Wassermenge (ml)	Wassermenge (ml)

Auf in die Miniwelt

Du brauchst:
Lupe, Stift

Starte eine Expedition in die Welt der kleinen Tiere und kreuze an, was du entdeckt hast!

▶ Auf Wegen und Pfaden hast du sie bestimmt schon gesehen: die **Schleimspuren** von **Schnecken**. Die Tiere scheiden den Schleim aus, um darauf kriechen zu können, ohne sich am Untergrund zu verletzen. Wie sehen die Spuren unter deiner Lupe aus?

Gallen der Gallwespe

◀ Untersuche die Unterseiten von Baumblättern nach kugelförmigen Verdickungen. Sie heißen **Pflanzengallen** und werden zum Beispiel von Insekten erzeugt. Die Tiere beeinflussen das Wachstum der Pflanze, sodass diese eine schützende Höhle für die Larven der Tiere bildet.

▶ An den Stängeln von Gräsern oder unter Blättern kannst du mit etwas Glück **Puppen** finden, in denen sich Raupen in erwachsene Insekten verwandeln. Auf den Fotos siehst du die Puppen von zwei verschiedenen Schmetterlingsarten.

Puppe des Kleinen Fuchses

Puppe des Nachtpfauenauges im Kokon aus feinen Fäden

Expedition am Bach

Du brauchst:
Bastelschnur, abgeschnittenes halbes Bein einer Feinstrumpfhose, Stopfnadel mit dickem Faden, große weiße Plastikdose oder weißen Eimer, sauberen Pinsel, Lupe, Stifte, Gummistiefel

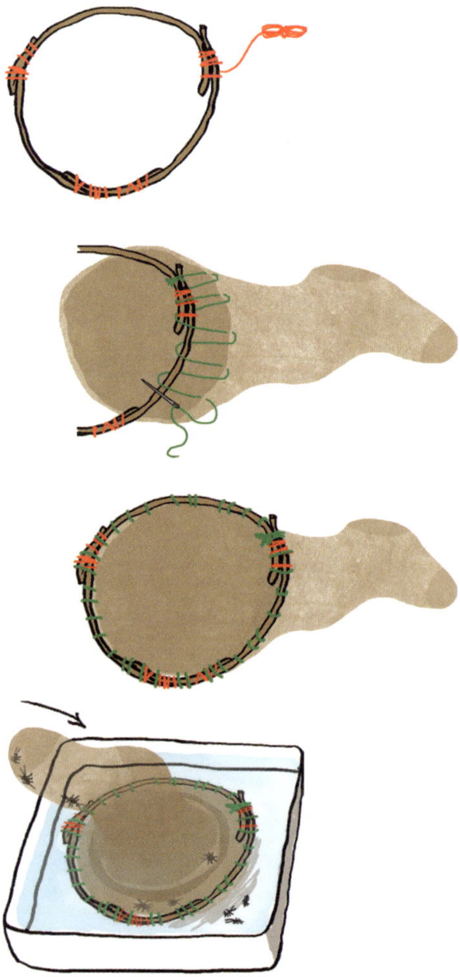

Um Wassertierchen zu beobachten, kannst du dir selbst einen einfachen Kescher basteln:

1. Suche am Bach drei biegsame Zweige und verbinde ihre Enden so mit der Bastelschnur, dass ein Ring von etwa 15 bis 20 cm Durchmesser entsteht.
2. Rolle das offene Ende des Feinstrumpfhosenbeins bis zum Fuß auf und nähe diese Rolle mit losen Stichen an dem Ring fest.
3. Halte deinen fertigen Kescher eine Weile mit beiden Händen ins Bachwasser.
4. Fülle die Dose oder den Eimer einige Fingerbreit mit Wasser, lege den Kescher mit dem Ring voran hinein und stülpe die Strumpfhose vorsichtig um, sodass alle Tierchen ins Wasser fallen. Wenn einige im Stoff festhängen, kannst du sie vorsichtig mit dem Pinsel abstreifen.

Untersuche die Bachtierchen mit der Lupe. Vor dem weißen Untergrund sind sie gut zu sehen. Lass sie spätestens nach einer Viertelstunde wieder im Bach frei. Kreuze an, welche Tierchen du gefunden hast.

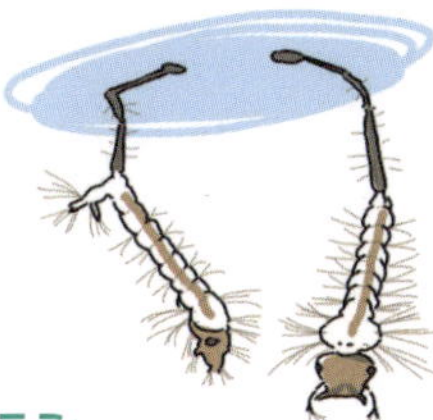

☐ Stechmückenlarve

☐ Wasserassel

☐ Köcherfliegenlarve

☐ Bachflohkrebs

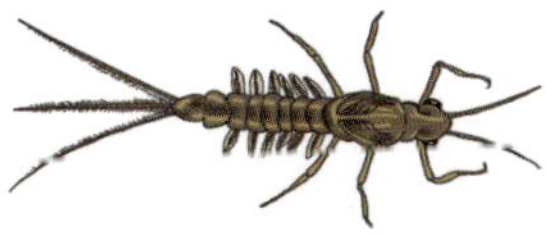

☐ Eintagsfliegenlarve

Was ich noch gefunden habe:

Name: ______________ Name: ______________ Name: ______________

Bei der Bestimmung der Tiere hilft dir diese Internetseite:
www.schule-bw.de/unterricht/faecher/biologie/projekt/bach/bestimmungsschluessel.pdf

Ameisen-Verkehrspolizist

Wenn Ameisen unterwegs sind, bilden sie lange Kolonnen, die Ameisenstraßen. Hast du Lust, den Ameisenverkehr zu regeln? Suche zunächst ein Ameisennest im Garten, Wald oder Park. Oft verbergen sich die Höhlensysteme der Ameisen unter größeren Steinen.

Du brauchst:
Obst (zum Beispiel einen Apfel oder eine Birne), Schälmesser

Schäle das Obst und lege ein Stückchen ein paar Meter vom Nest entfernt auf den Boden. Bald wird sich eine Ameisenstraße bilden. Eine Ameise krabbelt voran und die anderen folgen ihr. Drüsen am Hinterteil jeder Ameise geben Düfte (Pheromone) ab, die der Nachfolgerin den Weg weisen. Was passiert, wenn du das Fruchtstückchen verschiebst oder mehrere Stücke auslegst? Verschließe das Ameisennest am Ende wieder, damit die Kolonie ihr Zuhause nicht verliert.

Teamarbeit: Weil der Weg über einen Abgrund führt, bauen diese Ameisen eine Brücke.

Verkleidete Insekten

Kleine Tiere sind sehr erfinderisch, wenn es um gute Tarnung geht. Wer will schon gefressen werden? Spaziere durch hohes Gras. Dort findest du viele verschiedene Insekten. Wie schützen sie sich? Kreuze an, welche Tiere du gesehen hast.

Du brauchst:
gute Augen,
Stift

☐ Schwebfliege

☐ Wespe

◀ Von **Mimikry** sprechen die Fachleute, wenn ein harmloses Tier wie ein gefährliches Tier aussieht.

▶ Mit einem **Schreckeffekt**, zum Beispiel großen Augenflecken auf den Flügeln, vertreiben einige kleine Insekten ihre großen Fressfeinde.

☐ Tagpfauenauge

◀ **Chemische Tarnung** ist praktisch, um unbemerkt auf Beute lauern zu können.

☐ Veränderliche Krabbenspinne

▶ Von **Mimese** spricht man, wenn ein Insekt völlig unbeweglich auf einer Pflanze sitzt, um nicht als Tier erkannt zu werden.

☐ Spannerraupe

Noch mehr Insekten im Internet: www.insektenbox.de

Früchte-Quiz

Nicht nur Äpfel und Pflaumen sind Früchte. Auch Nüsse und Flugsamen gehören dazu. Aber welche Frucht gehört zu welcher Pflanze? Früchte entstehen aus den Blüten einer Pflanze und enthalten ihren Samen, aus dem neue Pflanzen derselben Art wachsen können.

Du brauchst:
Stifte oder Fotoapparat oder Handy mit Fotofunktion

Für die Verbreitung der Samen sorgen der Wind, aber auch Wasser (zum Beispiel ein Bach) und Tiere, die die Früchte fressen und die unverdaulichen Samenkörner an einer anderen Stelle ausscheiden.

Im Sommer und Herbst werden viele Früchte reif. Gehe durch einen Park oder eine Siedlung mit großen Vorgärten, suche die Pflanzen zu diesen Früchten und notiere, wann und wo du sie gefunden hast. Entdeckst du noch mehr Früchte? Male sie in die Kästchen oder klebe Fotos hinein. Diese Internetseiten helfen dir beim Bestimmen der Pflanzenarten:
www.baumkunde.de/baumbestimmung/laubhoelzer/bestimmung-fruechte.php
www.botanikus.de/Beeren/beeren.html

Name: Ahornbaum

Datum: ____________

Fundort: ____________

Name: ____________

Datum: ____________

Fundort: ____________

Name: Birnbaum

Datum: ____________

Fundort: ____________

Name: Kastanie

Datum:

Fundort:

Name:

Datum:

Fundort:

Name: Holunder

Datum:

Fundort:

Name:

Datum:

Fundort:

Name: Buche

Datum:

Fundort:

Name:

Datum:

Fundort:

Name: Heckenrose

Datum:

Fundort:

Name:

Datum:

Fundort:

Name: Eiche

Datum:

Fundort:

Baum-Safari

Du brauchst:
Tuch als Augenbinde, Papier und Stifte oder Fotoapparat oder Handy mit Fotofunktion, einen Mitspieler

Einen Baum kannst du nicht nur an seinen Früchten erkennen, sondern auch an seiner Rinde. Lass dir von deinem Mitspieler die Augen verbinden und dich zu verschiedenen Bäumen führen. Taste ihre Rinden ab. Was fühlst du? Nimm dann die Augenbinde ab und sieh dir die Bäume genau an.

Notiere, wann und wo du die Bäume gefunden hast. Entdeckst du noch mehr interessante Rinden? Halte ein Blatt Papier an den Baumstamm und streiche mit einem weichen Bleistift darüber. Klebe deine Rindenbilder hier ein. Genauso gut kannst du auch Fotos machen. Diese Internetseite hilft dir dabei, die Baumarten richtig zu bestimmen:
www.baumkunde.de

Name: Platane

Datum: ____________

Fundort: ____________

Name: ____________

Datum: ____________

Fundort: ____________

Name:

Datum:

Fundort:

Name: Birke

Datum:

Fundort:

Name: Eiche

Datum:

Fundort:

Name: Buche

Datum:

Fundort:

Spuren lesen wie ein Indianer

Waldtiere sind scheu, sodass du sie nur selten zu Gesicht bekommst. Aber sie hinterlassen Spuren. Unternimm einen Spaziergang durch den Wald und halte nach Fraßspuren und Federn Ausschau.
Kreuze an, was du gefunden hast.

Du brauchst:
Stift

☐ Fichtenzapfen eines Eichhörnchens

☐ Fichtenzapfen einer Maus

☐ Von Wildschweinen durchwühlter Waldboden

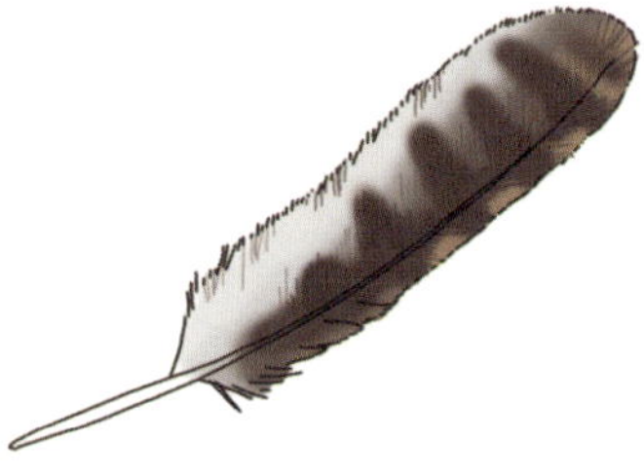

☐ Feder eines Mäusebussards

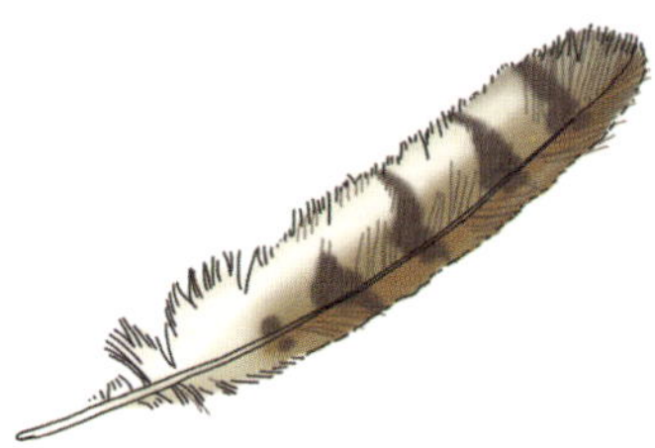

☐ Feder einer Eule mit Spezialrand für den extraleisen Flug

Fährten im Schnee

In der Nacht ist frischer Schnee gefallen? Dann nichts wie raus und Spuren suchen! Viele Tiere, die keinen Winterschlaf halten, begeben sich im Schutz der Morgendämmerung auf Futtersuche und hinterlassen ihre Fußabdrücke im Schnee.

Du brauchst:
Stift

Schalen und Krümel von Nüssen im Schnee? Hier hat bestimmt ein Eichhörnchen gefrühstückt.

Zieh dich warm an und mach einen Schneespaziergang an verschneiten Feldern und Wiesen vorbei. Welche Abdrücke von Pfoten, Krallen und Hufen findest du? Male sie in die Kästchen. Von welchen Tieren die Spuren stammen, verrät dir diese Internetseite:
www.walderlebnispfad-freising.de/index.php/stationen/waldthemen/20-station-den-waldtieren-auf-der-spur

Name:	Name:	Name:

Ein Wanderstab

Haselnussstrauch mit noch unreifen Haselnüssen

Du brauchst:
Kinderschnitz- oder Taschenmesser, Feile oder Schleifpapier, Haselnussstrauch, einen Erwachsenen

Die wichtigsten Schnitzregeln:

- Wer schnitzt, der sitzt.
- Führe die Messerschneide immer vom Körper weg!

So schnitzt du dir einen Wanderstab:

1. Säge einen geraden Ast des Haselnussstrauchs ab (ca. 2 cm dick und 120 cm lang).
2. Entferne alle abzweigenden Ästchen und feile alle Schnittflächen glatt.
3. Schäle die Rinde am oberen Ende ab, sodass du einen glatten Handgriff erhältst.
4. Zum Schluss kannst du noch Ringe und Kerben als Verzierung in deinen Wanderstab ritzen.

FINGER WEG!

MEINE FAMILIE ☺

HIER LIEGT DER SCHATZ!

HIER GEHT'S ZUM BASISLAGER! →

KOMM MIT!

Beiß dich durch!

TASCHENLAMPE
von

GESCHAFFT!

WASSERFLASCHE
von

CHILL MAL!

CAMP-MAHLZEIT
VON:

DIESES HEFT GEHÖRT
TIER-EXPERTE:

FERNGLAS
VON

LOGBUCH-EINTRAG
VON:

VORSICHT,
SCHLEIMSPUR!

Was machen wir heute?

Bitte ankreuzen:

- ○ Einen unterirdischen Gang erkunden
- ○ Ein Geheimversteck bauen
- ○ Tierspuren suchen

AUF IN DIE WILDNIS!!

TRAU DICH!

DU BIST NICHT ALLEIN!

IMMER SCHÖN LÄCHELN!!!

MEIN PLATZ!

VORSICHT!
STACHELIG!

DIESES HEFT GEHÖRT
WILDNIS-FORSCHER

Ein Schwirrholz

Du brauchst:
Stemmeisen, Holzhammer, Säge, Schleifpapier, Schere, Paketschnur, Handbohrer, Aststück eines Haselnussstrauchs (5 cm dick), einen Erwachsenen

Und so wird's gemacht:

1. Spalte das Aststück auf festem Untergrund mit dem Stemmeisen und dem Hammer zu einem Brettchen (0,75 cm dick, 5 cm breit, 20 cm lang).
2. Säge die Ecken ab.
3. Schleife alle Kanten rund.
4. Schneide ein Stück der Paketschnur ab, das so lang ist, wie du groß bist.
5. Bohre ein Loch in das Brettchen, fädle die Paketschnur hindurch und knote sie ordentlich fest.
6. Forme am anderen Ende der Paketschnur eine Schlaufe und verknote sie.
7. Drehe das Schwirrholz jetzt über deinem Kopf möglichst schnell im Kreis. Wenn es sich zusätzlich um sich selbst dreht, erzeugt es ein lautes Summen. So machen es auch die Ureinwohner Australiens, die Aborigines.

Achtung: Halte genug Abstand zu Menschen, Tieren und Gegenständen, damit du niemanden verletzt und nichts kaputt machst!

Eine Holunderpfeife

Blühender Holunderstrauch (wie die Früchte aussehen: Seite 25)

Du brauchst:
Kinderschnitz- oder Taschenmesser, Ahle, Holunderstrauch, einen Erwachsenen

Und so wird's gemacht:

1. Schneide ein gerades, frisches Aststück ab (2 bis 2,5 cm dick, 8 bis 10 cm lang).
2. Schabe sofort das feuchte Mark mit der Ahle heraus.
3. Schnitze das Tonloch (siehe Bild).
4. Schneide ein zweites Aststück ab (5 cm lang), das nicht dicker als der Markkanal (ca. 0,5 cm) ist, und teile es quer in der Mitte.
5. Verschließe mit dem ersten Teilstück das untere Ende der Pfeife.
6. Teile das zweite Teilstück längs. Schiebe eins der neuen Teile in das obere Ende.
7. Säge das obere Ende schräg ab, sodass ein Mundstück mit einem kleinen Blasloch entsteht.

Eine Abenteurer-Band

Du brauchst:
leeres kleines Plastik-Frischkäsedöschen mit Deckel, Klebeband, Schilfrohre oder Strohhalme, Bastelsäge, gerade Stöcke, 3 Mitspieler

Gründe eine Band mit selbst gebauten Instrumenten!

- **Schlagzeug:** Suche im Wald Holzstücke und Steine. Lege sie vor dich und schlage mit Holz oder Steinen darauf.
- **Rassel:** Fülle Sand, Kiesel, Nüsse oder Samen in die Frischkäse-Dose, bis sie zu einem Viertel gefüllt ist, und verschließe sie mit dem Deckel, den du mit dem Klebeband zusätzlich fixierst. Durch Schütteln und Drehen ergeben sich aufregende Rhythmen.
- **Gras-Trompete:** Spanne einen breiten Grashalm straff zwischen deinen beiden Daumen ein und blase durch den feinen Spalt, der zwischen den Daumen entsteht.
- **Panflöte:** Säge die Schilfrohre oder Strohhalme auf unterschiedliche Längen und klebe sie mit dem Klebeband so zwischen zwei Stöcke, dass sie oben eine gerade Kante bilden.

Ein Steinzeit-Sonnenhut

Du brauchst:
Wäldchen, Kinderschnitz- oder Taschenmesser, Bastelschnur, Wiese mit hohem Gras

Und so wird's gemacht:

1. Sammle 12 biegsame, dünne Ästchen und schneide sie gleich lang ab (30 bis 40 cm).
2. Binde sie mit der Bastelschnur in der Mitte so zusammen, dass ein Stern mit gleich langen Strahlen entsteht.
3. Pflücke viele Grashalme (mindestens 30 cm lang) und lege von der Mitte her jeweils vier Stück als Bündel immer im Kreis um die Ästchen herum, so wie es das Bild zeigt.
4. Für die Hutwölbung biegst du die Ästchen nach innen und flichtst straffer. Für die Hutkrempe biegst du die Ästchen nach außen und flichtst lockerer.
5. Zwischendurch immer anprobieren!

Ich mit meinem Steinzeit-Sonnenhut:

Eine Sonnenuhr

Und so wird's gemacht:

1. Beginne an einem sonnigen Tag um 10.30 Uhr und suche dir einen ebenen Untergrund, auf den über den ganzen Tag kein Schatten fallen wird. Hier steckst du das Stöckchen senkrecht in den Boden.
2. Um Punkt 11 Uhr legst du einen der Kieselsteine auf die Schattenlinie, die das Stöckchen wirft. Die Schattenlinie wandert mit der Sonne.
3. Zu jeder weiteren vollen Stunde kommt ein neuer Stein auf die Linie.
4. Um 18 Uhr sind alle acht Kieselsteine verbraucht und deine Uhr ist fertig. Am nächsten Tag kannst du die Zeit ablesen.

Du brauchst:
1 Stöckchen (50 cm lang), 8 Kieselsteine, Armband- oder Handy-Uhr zur Kontrolle

Ein Zelt für alle Fälle

Du brauchst:
Kinderschnitz- oder Taschenmesser, 6 Aststücke (20 cm lang, 2 cm dick), 4 Äste (1,50 m lang, 2 bis 3 cm dick), Paketschnur, Schere, Holzhammer, Bettlaken (kein Spannbetttuch), einen Mitspieler, einen Erwachsenen, Stifte oder Fotoapparat oder Handy mit Fotofunktion

Und so baust du dir ein Zelt:

1. Schnitze Rillen in die Aststücke, jeweils in 2 cm Entfernung von einem Ende. Das andere Ende spitzt du an. Schon hast du sechs Heringe.
2. Binde jeweils zwei Äste mit der Paketschnur an den oberen Enden aneinander, indem du sie über Kreuz legst und in beide Richtungen fest umwickelst.
3. Stelle mit deinen Helfern die beiden Ast-Winkel etwa in einem Abstand von 1,70 m senkrecht auf. Das werden die Zelteingänge.
4. Schlage mittig vor jedem Eingang jeweils einen Hering mit dem Hammer in den Boden.
5. Wickle die Paketschnur um den ersten Hering und knote sie sorgfältig fest. Spanne sie straff zum ersten Astkreuz und umwickle es mehrmals. Spanne die Schnur dann zum zweiten Astkreuz und umwickle es. Führe sie schließlich genauso straff zum zweiten Hering, wo du sie mit mehreren Knoten befestigst.
6. Knote etwa 50 cm lange Paketschnüre fest an die vier Endzipfel (ca. 20 cm lang) des Lakens. Lege das Laken über die gespannte Schnur und verspanne es mit den restlichen vier Heringen.

Ein Zelt ist ziemlich praktisch. Hier findest du ein paar Ideen. Bestimmt fallen dir noch mehr ein. In die Kästchen kannst du Fotos kleben oder zeichnen, was du alles schon mit deinem Zelt gemacht oder dir vorgenommen hast.

Mein Zelt ist super …

… zum Chillen

… als Geheimversteck

… um unbemerkt Tiere zu beobachten

… zum Übernachten (im Sommer)

Ein Staudamm

Du brauchst:
Bach im Wald mit weichem Bachbett, Gummistiefel, einen Erwachsenen, Stifte oder Fotoapparat oder Handy mit Fotofunktion

Und so wird's gemacht:

1. Lass deinen erwachsenen Begleiter prüfen, ob die Strömung des Baches nicht zu stark und das Wasser nicht zu tief ist.
2. Sammle kurze stabile Stöcke vom Waldboden und stecke sie in einer Reihe von einem Ufer zum anderen ins Bachbett.

3. Stütze die Stockreihe mit Steinen ab und verkleistere sie auf der Seite, gegen die das Wasser nicht anströmt, dick mit Schlamm und Gras. Flussaufwärts entsteht nun ein kleiner See.

4. Stütze den Damm flussabwärts gegen den Wasserdruck von der anderen Seite mit vielen Ästchen ab und stabilisiere ihn so.

Wichtig: Baue alles ab, bevor du nach Hause gehst, damit Wassertiere wieder ungehindert schwimmen können.

Diesen Staudamm haben Biber gebaut.

Mein Staudamm:

Und das ist beim Bauen passiert:

☐ Ins Wasser gefallen

☐ Fische entdeckt

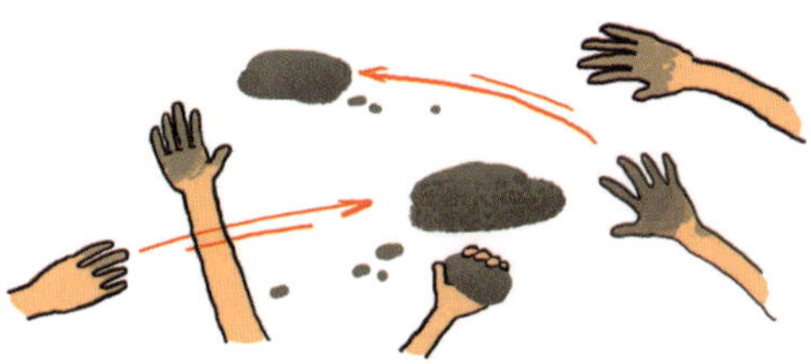

☐ Schlammschlacht gemacht

☐ ____________________

Ein Wasserrad

Du brauchst:
Kinderschnitz- oder Taschenmesser, kleinen Joghurtbecher, Stopfnadel, Bastelschnur, Blumendraht, Stifte oder Fotoapparat oder Handy mit Fotofunktion

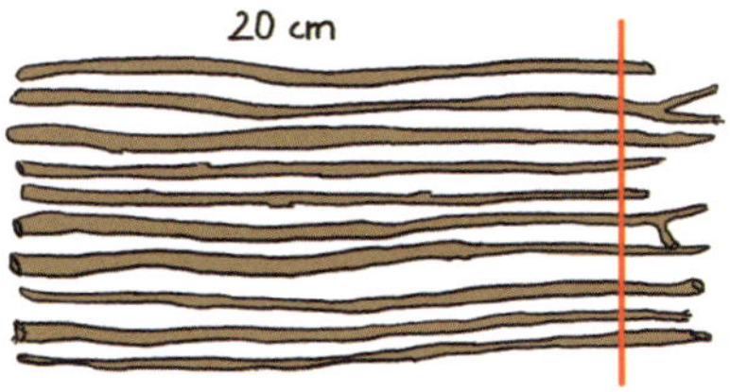

Und so wird's gemacht:

1. Sammle zehn gerade, biegsame Stöcke im Wald und bringe sie mit dem Messer auf gleiche Länge (20 cm).
2. Zerschneide die Wand des Joghurtbechers in vier gleich große Rechtecke und nähe sie mit Bastelschnur an die Enden von zwei Stöcken, wie das Bild es zeigt.
3. Binde die beiden Stöcke über Kreuz fest mit dem Blumendraht zusammen.
4. Klemme das Kreuz mittig zwischen vier Stöcken ein. Die vier neuen Stöcke liegen dabei gebündelt aneinander. Binde sie fest mit dem eingeklemmten Kreuz zusammen, sodass es nicht verrutschen kann.
5. Schiebe in beide Enden des Viererbündels jeweils einen weiteren Stock und binde ihn fest.
6. Lege dein Wasserrad in Höhe der Wasseroberfläche auf zwei Astgabeln.

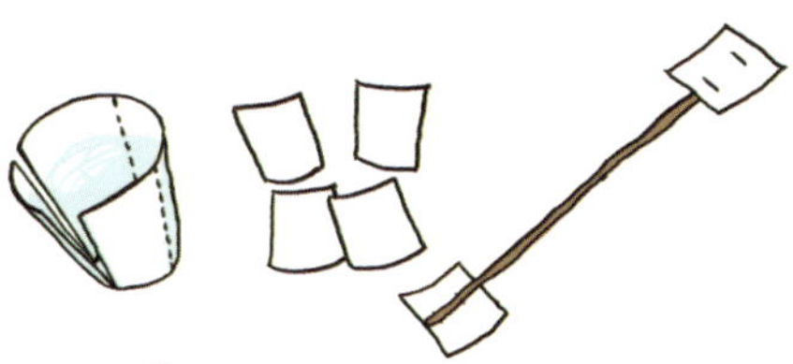

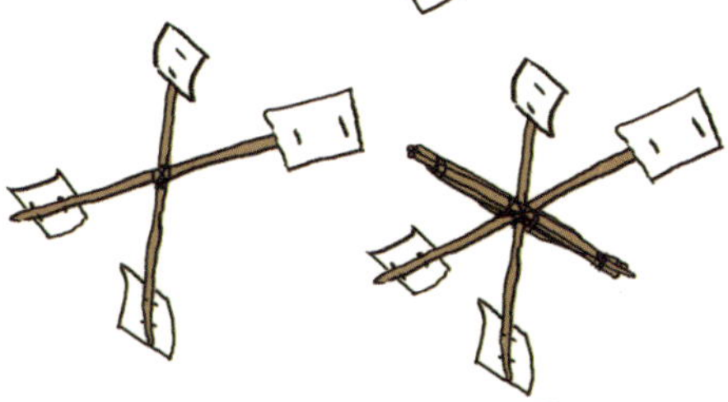

Ein Floß für den Steintransport

Du brauchst:
kleinen See mit Bäumen, Gummistiefel, Kinderschnitz- oder Taschenmesser, 6 Weinkorken, Bastelschnur, Stifte oder Fotoapparat oder Handy mit Fotofunktion

Und so wird's gemacht:

1. Sammle vom Waldboden trockene, dicke und möglichst gerade Stöcke auf und schneide sie auf die gleiche Länge (25 bis 40 cm).
2. Binde an zwei Stöcken je drei Weinkorken fest.
3. Binde die Stöcke mit der Bastelschnur eng aneinander, sodass ein Rechteck entsteht. Die Stöcke mit den Korken kommen nach außen. Der Kork stabilisiert dein Floß und gibt ihm zusätzlichen Auftrieb.

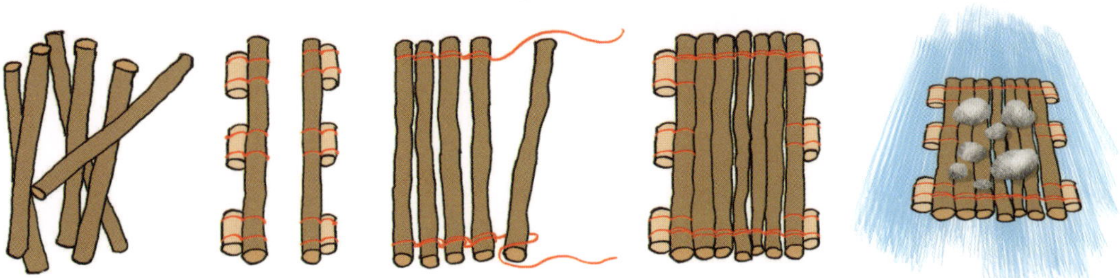

Lass dein Floß zu Wasser. Mit einem langen Stock kannst du es in die gewünschte Fahrtrichtung schubsen. Lege kleine Steine darauf.

Mein Floß:

So viele Steine konnte es transportieren:

So weit ist es geschwommen:

Pfeil und Bogen

Du brauchst:
Säge, Haselnussstrauch, Feile, Kinderschnitz- oder Taschenmesser, Paketschnur, einen Erwachsenen

Und so wird's gemacht:

1. Säge einen biegsamen, geraden Ast ab (ca. 1,5 cm dick und 80 bis 120 cm lang).
2. Feile eine Astseite so, dass sie zu den Enden hin flacher wird.
3. Schnitze 1,5 cm von den Bogenenden entfernt seitlich je zwei Kerben ein. Hier bindest du die Paketschnur fest.
4. Spanne jetzt den Bogen. Die bearbeitete Seite („Bogenbauch") zeigt zur Schnur.
5. Sammle möglichst gerade Stöcke als Pfeile. Das schwerere Ende ist die Spitze. Schnitze hinten eine Kerbe für den Bogen.

Tipps für sicheres Schießen:
Federn, die du ans Ende der Pfeile bindest, stabilisieren die Flugbahn. Spitze deine Pfeile nicht an! Das ist zu gefährlich, wenn du aus Versehen jemanden triffst. Ziele niemals auf Menschen, Tiere oder lebende Pflanzen. Du kannst dir eine Zielscheibe aus Holz oder Pappe bauen.

Gute Tarnung ist alles!

Du brauchst:
Bastelschnur, dicke Stopfnadel, nicht zu trockene Blätter, einen Mitspieler, dunkelgrüne oder braune Kleidung

Und so wird's gemacht:

1. Schneide aus der Bastelschnur zwei Stirnbänder pro Mitspieler, aber verknote sie noch nicht.
2. Fädle mit der Stopfnadel bunte Blätter auf eins der Stirnbänder auf.
3. Hängt euch den Blättervorhang vor das Gesicht und knotet ihn euch gegenseitig am Hinterkopf fest.
4. Damit du gucken kannst, klappst du die Blätter, die direkt vor deinen Augen hängen, nach oben und schiebst sie unter das zweite Stirnband.

Wenn ihr jetzt noch in die dunkelgrünen oder braunen Anziehsachen schlüpft, seid ihr perfekt getarnt und könnt euch in der Wildnis unbemerkt anschleichen, um zum Beispiel Tiere zu beobachten. Aber auch für Versteckspiele ist Tarnung nützlich.

Ein Drache aus Zweigen

Du brauchst:
große, aufgeschnittene Mülltüte, Kinderschnitz- oder Taschenmesser, Blumendraht, Bastelschnur, Schere, Anstreicher-Klebeband, einen Erwachsenen

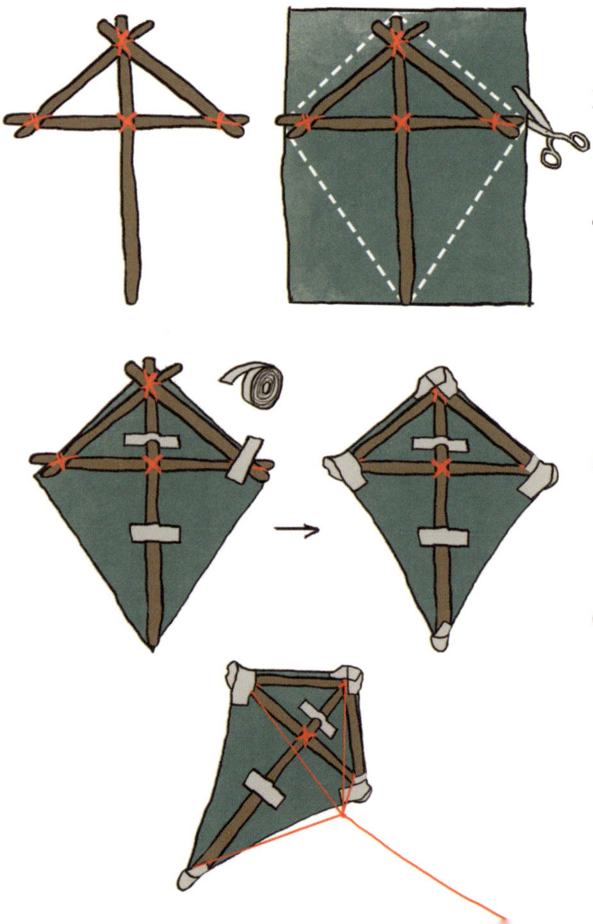

Und so wird's gemacht:

1. Sammle vier möglichst leichte Stöcke. Der längste sollte etwa eineinhalbmal so lang sein wie der zweitlängste.
2. Lege die beiden längsten Stöcke zu einem Drachenkreuz. Die restlichen beiden Stöcke bilden zur Stabilisierung des Kreuzes die äußere, obere Drachenform.
3. Umwickle alle zusammentreffenden Stockenden fest mit dem Blumendraht.
4. Lege die aufgeschnittene Mülltüte auf das Drachengestell, schneide die Drachenform etwas überlappend aus und hefte sie mit dem Klebeband an das Gestell.
5. Befestige an allen vier Ecken Schnüre und verknote sie so zu einem Kreuz, dass der Drache daran in der Waage hängt.
6. In der Mitte des Kreuzes befestigst du eine lange Schnur (10 m). Ans untere Ende der langen Schnur kommt ein kleiner Stock als Griff zum Festhalten.

Tipps für den Start:

- Mit einem Schwanz kannst du den Flug deines Drachens stabilisieren. Knote Streifen aus Folie oder Krepppapier an eine lange Schnur und befestige sie am Ende des langen Drachenkreuzes.
- Trage Handschuhe, wenn du deinen Drachen fliegen lässt.
- Lass deinen Drachen niemals bei Gewitter steigen! Er würde Blitze anziehen.
- Drachen dürfen nur auf freiem Feld, in sicherer Entfernung von Straßen, Flughäfen und Stromleitungen fliegen.

Mein Drache:

Erlebnisse mit meinem Drachen.

☐ Er hat tolle Schleifen gedreht.

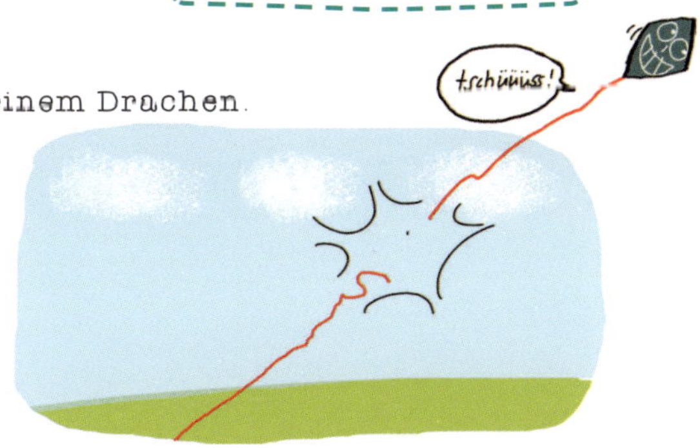

☐ Er ist weggeflogen.

☐ Er ist abgestürzt.

☐ Ein Hund hat ihn geschnappt.

Ein Katapult-Flieger

Du brauchst:
Bastelsäge, Kinderschnitz- oder Taschenmesser, Feile, 4 gleich lange Gummibänder (2 als Ersatz), 1 DIN-A4-Bogen dünne Pappe, Schere, Stift, Anstreicher-Klebeband, einen Erwachsenen

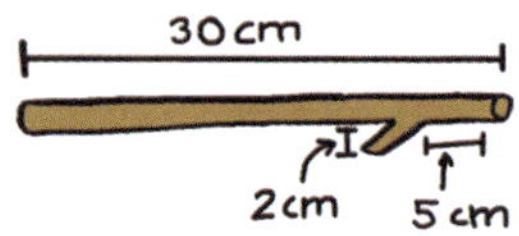

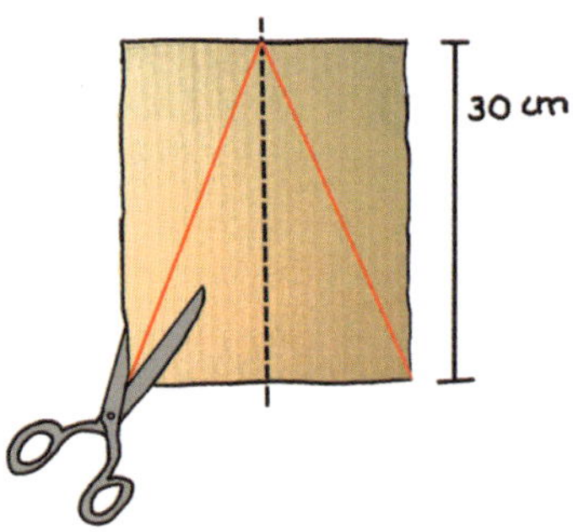

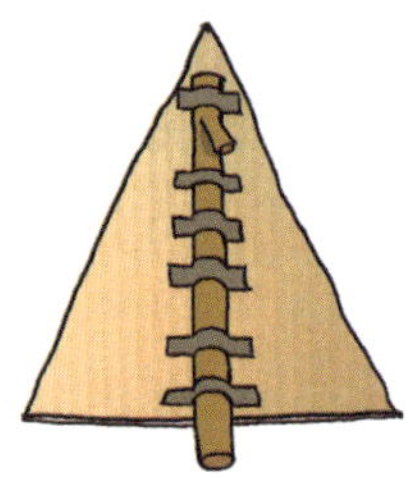

Und so wird's gemacht:

1. Besorge zwei Stöcke: einmal 2 cm dick und 10 cm lang, einmal 1 cm dick und 30 cm lang mit einer Abzweigung.
2. In den kürzeren Stock schnitzt und feilst du eine Kerbe und legst zwei Gummibänder hinein.
3. Säge die Abzweigung des längeren Stocks bis auf 2 cm ab. Sie sollte ungefähr 5 cm vom vorderen Ende des Stocks entfernt liegen.
4. Schneide ein 30 cm langes Dreieck aus der Pappe aus und klebe es mit dem Klebeband an den längeren Stock.
5. Spanne die Gummibänder zwischen Handgriff und Abzweigung, ziehe den Flieger nach hinten und lass ihn dann los.

Wichtig: Achte darauf, dass du niemanden verletzt!

Fabelhafte Schneetiere

Du brauchst:
viel Schnee, 16 Trinkgläser mit jeweils 1 Teelicht darin, 8 Glasmurmeln, Feuerzeug, einen Erwachsenen

Jedes Tier bekommt zwei Glasmurmeln als Augen! Wenn es dunkel wird, zündest du die Teelichter an. Stelle jeweils vier Gläser vor oder neben jedes Tier, sodass sich das Licht in den Glasaugen spiegelt und auf dem Schnee glitzert. So sehen die Tiere richtig lebendig aus!

Es muss nicht immer ein Schneemann sein!

- **Löwe:** Die Körperkugeln sind sitzballgroß, der Kopf fußballgroß.
- **Hase:** Zwei Stöcke, die du mit Schnee zugekleistert hast, sind die Ohren.
- **Riesenschlange:** Die Schneebälle sind vorn größer als hinten.

Gruseliges Schattentheater

Du brauchst:
Zweige, Bastelschnur, kleinen Zierkürbis, Obstmesser, einen Mitspieler, Stift oder Fotoapparat oder Handy mit Fotofunktion

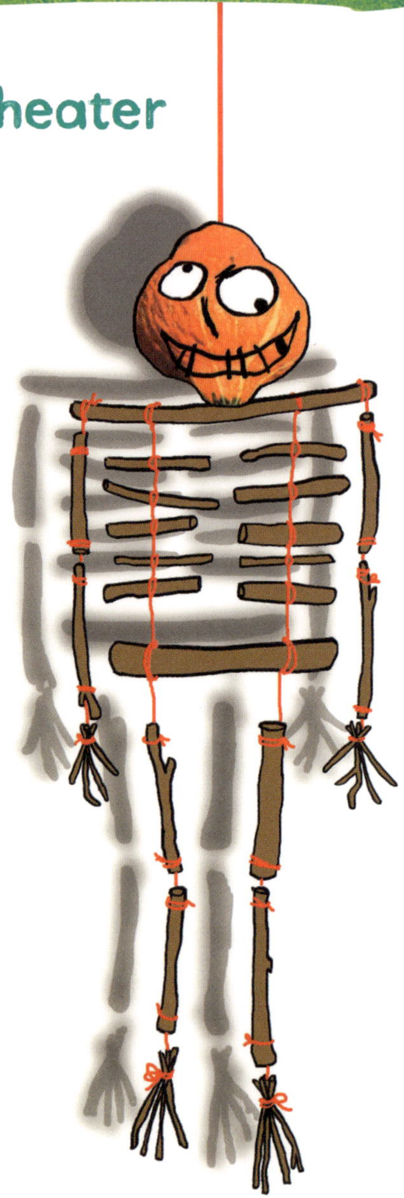

So wird daraus ein Skelett:

1. Knote jeweils vier Zweige als Bündel für die beiden Füße zusammen.
2. Daran bindest du jeweils einen Unterschenkel fest.
3. An jedem Unterschenkel wird ein Oberschenkel befestigt.
4. Die Arme machst du genauso: erst die Hände, dann eine Kette aus Unter- und Oberarm.
5. Zwischen Hüfte und Schultern bindest du kleine Ästchen als Rippen quer übereinander.
6. An den Schultern befestigst du die Arme, an der Hüfte die Beine.
7. Schneide einen Kanal längst durch den Zierkürbis, fädle ihn als Kopf über den Schultern auf und binde dein Gerippe an einen Stock.

Lass dein Skelett in der Sonne oder, wenn es schon dunkel ist, vor einer Lampe tanzen. Es wirft gruselige Schatten.

Hast du eine Idee, wie dein Gerippe heißen könnte? Was hältst du zum Beispiel von diesen Namen: Jochen Knochenmüller, Roswitha Rippchen, Professor Dr. Klapperknochen, Rufus „Die Rippe“ Rödelmeier, Knochen-Lady, Charles Schädel, Gräfin von und zu Moder?

Gemeinsam mit deinen Freunden kannst du noch andere Skelette bauen, zum Beispiel von Tieren. Vielleicht habt ihr sogar Lust, ein richtiges Theaterstück damit aufzuführen?

So heißt mein Grusel-Skelett:

Wer sich alles davor erschrocken hat:

So sieht es aus:

Noch mehr Gerippe:

Wild und gefährlich

Du brauchst:
einen Mitspieler

Spiele mit deinem Freund gefährliche Situationen nach, in die Naturforscher geraten können, wenn sie wilden Tieren begegnen.

- **Wölfe** sind Rudeltiere, die sich tief in den Wäldern verstecken. Wenn sich ein Wolfsrudel in deiner Gegend aufhält, hörst du die Tiere nachts laut heulen. Schließe die Augen, während dein Mitspieler das Wolfsgeheul nachahmt.

- Im Herbst kämpfen männliche **Hirsche** um ihren Rang in der Herde. Dein Mitspieler kommt als streitlustiger Hirsch auf dich zu. Versuche, einen Sicherheitsabstand von 20 m einzuhalten.

- Die Giftschlangen **Kreuzotter** und **Aspisviper** fliehen vor Menschen. Wenn sie sich in die Enge getrieben fühlen, zischen sie laut, schnellen vor und beißen. Dein Mitspieler spielt eine Giftschlange. Wie nah kannst du zu ihm kommen, ohne bedrohlich zu wirken und gebissen zu werden?

Norden, Süden, Osten, Westen

Du brauchst:
Wanderkarte (Maßstab: 1:25 000), Bleistift, Lineal, Kompass, einen Erwachsenen

So findest du den richtigen Weg:

1. Um dich zu orientieren, musst du als Erstes wissen, wo Norden ist. Dazu benutzt du deinen Kompass. Die Kompassnadel zeigt immer nach Norden. Drehe den Kompass so, dass sich das große „N“ für „Norden“ unter der roten Nadelspitze befindet.
2. Lege den Kompass nun auf die Wanderkarte, und zwar so, dass die obere Kante der Karte in die gleiche Richtung zeigt wie die Kompassnadel. Jetzt hast du die Karte „eingenordet“, das heißt: Der Norden auf der Karte stimmt mit dem Norden in der Natur überein.
3. Verbinde nun deinen Start- und deinen Zielpunkt mit dem Lineal und suche in der Natur den Weg, der am ehesten in deine Richtung führt.

Diese Wanderkarte ist eingenordet.

Willst du dich querfeldein durchs Dickicht kämpfen? „Offroad“, fernab der Wege, wird deine Tour besonders spannend. Gemeinsam mit einem Erwachsenen kannst du es wagen. Meidet sumpfige oder zu steile Stellen und Baumschonungen!

Geocaching-Schatzsuche

Du brauchst:
GPS-Handgerät oder Handy mit GPS-Funktion, wetterfeste Dose mit Deckel und Schatz (Mini-Spielsachen, zum Beispiel Flummis für jeden Mitspieler) als Geocache, 3 kleine Butterbrotdosen aus Kunststoff mit jeweils 1 Süßigkeit pro Spieler, Notizblock und Stift, einen Mitspieler, einen Erwachsenen

GPS-Gerät

Und so wird's gemacht:

1. Der Erwachsene wandert mit dem GPS-Handgerät los. Er sucht ein erstes Versteck, liest dessen Koordinaten am GPS-Gerät ab und schreibt sie auf einen Notizzettel. Das macht er insgesamt viermal an vier aufeinanderfolgenden Stationen.
2. An der vierten Position versteckt er die Schatzkiste. Auf dem Rückweg platziert er die drei Butterbrotdosen an den zuvor ausgewählten Stationen mit je einem Zettel, auf dem die Koordinaten des jeweils nächsten Verstecks stehen.
3. Wenn der Erwachsene zurück ist, schnappst du dir das GPS-Gerät und begibst dich zusammen mit deinem Freund auf die Suche nach den Butterbrotdosen und dem Schatz. Gib immer die Koordinaten des nächsten Verstecks ein. Dann weist euch das GPS-Gerät überall die Himmelsrichtung, in die ihr gehen müsst.

Unsere Koordinaten und Schätze:

	1. Koordinate*) (Breiten-grad**)	2. Koordinate (Längen-grad***)	Besonderheiten des Verstecks	Was war in der Dose?
1. Versteck				
2. Versteck				
3. Versteck				
Geocache				

*) Koordinate = Zahlenwert zum Ausmessen eines Raumes

**) Breitengrad = gedachte waagerechte Linie um den Erdball herum, parallel zum Äquator (Beispiel: N 049° 34,829′; sprich: „49 Grad Nord, 34 Komma 829 Minuten“)

***) Längengrad: gedachte senkrechte Linie vom Nordpol zum Südpol der Erde (Beispiel: O 011° 86,312′; sprich: „11 Grad Ost, 86 Komma 312 Minuten“)

Tipp: Selbstverständlich kannst du auch offizielle Geocaches suchen oder selbst einen Geocache verstecken. Hier findest du alles über Geocaching:
www.opencaching.de
www.geocaching.com

Da ist der Schatz!

Waldläufer-Rallye

Du brauchst:
Blatt, Briefumschlag, Stift, 3 Mitspieler

Mit Waldläuferzeichen kannst du Abenteurern, die dir folgen, überall Nachrichten hinterlassen. Auch Pfadfinder benutzen sie. Teilt euch in zwei Teams. Eine Gruppe läuft vor. Sie hinterlässt der Gruppe, die sie verfolgt, Nachrichten in Form von Waldläuferzeichen. Die Verfolgergruppe versucht, die erste Gruppe mithilfe der Hinweise möglichst schnell zu finden. Ob ihr das gelingt?

Für die Waldläuferzeichen nimmst du einfach Sachen, die du in der Natur findest, zum Beispiel Kieselsteine, Stöckchen oder Grasbüschel. Aus ihnen legst du die Zeichen auf den Boden. Für den Fall, dass du auch Briefbotschaften hinterlassen willst, brauchst du die Schreibsachen.

So sehen die Waldläuferzeichen aus:

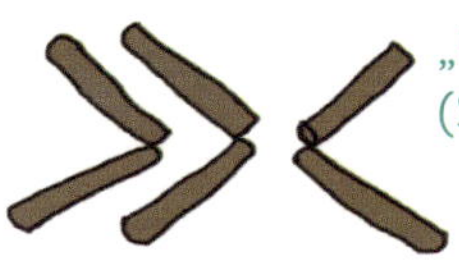
„Feinde“ in der Nähe! (Spielanfang)

Kein Durchgang, falscher Weg!

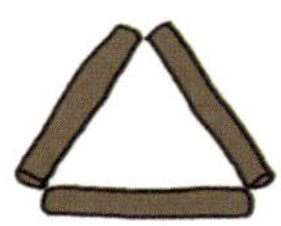
Vorsicht! Gefahr!

Folgt diesem Weg!

Briefbotschaft in 3 m Entfernung und 2 m Höhe

Folgt diesem Weg und überquert das Hindernis!

3 Minuten warten!

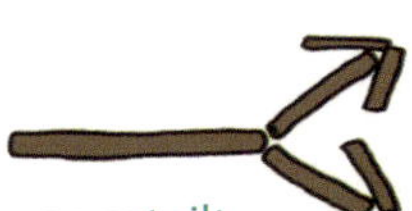
Wir haben uns geteilt.

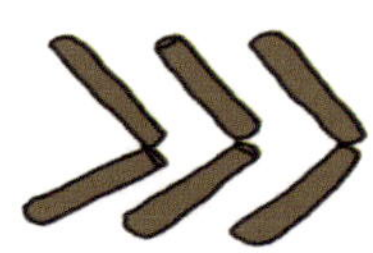
Freunde in der Nähe! (Spielende)

Nächtliche Feuershow

Du brauchst:
Feuerkorb oder Grill, trockenes Brennholz, altes Papier, Feuerzeug, Stöcke, einen Erwachsenen und einen Mitspieler

Suche trockenes Brennholz und einen stabilen langen Stock (mindestens 1 m). Abends machst du in dem Feuerkorb oder dem Grill ein Feuer: Lege das zerknüllte Papier in die Mitte und staple drumherum das Brennholz zu einem kleinen, runden „Indianerzelt“ auf. Fange mit den dünnsten Ästchen an, die dicksten Äste kommen ganz nach außen. Zünde das Papier an. Um das Feuer anzufachen, kannst du vorsichtig hineinblasen. Lass es so lange brennen, bis der Holzaufbau zusammenfällt und alle Äste rot glühen.

Sobald es dunkel ist, kann die Show beginnen: Halte das Stockende in die Glut, bis es selbst aufglüht. Stelle dich mit einem Sicherheitsabstand von einigen Metern vor dein Publikum und schwenke den Stock in Spiralen, Kreisen und Zickzacklinien. Du kannst auch Buchstaben oder Zahlen schreiben. Wer errät sie?

Schlaue Füße

Du brauchst:
Tuch als Augenbinde, Seil (ca. 5 m lang), einen Mitspieler

Dein Mitspieler verbindet dir die Augen und spannt das Seil in Hüfthöhe zwischen zwei Bäumen auf. Dann werden acht verschiedene Dinge entlang des Seils auf den Waldboden gelegt – natürlich keine spitzen oder ekeligen Sachen. Ziehe Schuhe und Socken aus, schon kann der Barfußparcours beginnen. Taste dich am Seil entlang. Trockenes Laub oder einen Stein erkennst du sicher schnell. Aber wie ist es mit dem Unterschied zwischen einer Haselnuss und einer Eichel, zwischen Fichten- und Kiefernzapfen, zwischen Buchen- und Ahornblättern?

Ahornblatt

Fichtenzapfen

Haselnüsse

Buchenblatt

Kiefernzapfen

Eicheln

Tipp: Wenn es für nackte Füße zu kalt ist, kannst du auch ein Tastspiel daraus machen.

Zapfen-Zielwurf

Du brauchst:
Mischwald, Bastelschnur, einen Mitspieler

Und so wird's gemacht:

1. Sammle Tannen- oder Fichtenzapfen vom Waldboden auf.
2. Suche dir drei dünne, biegsame Ästchen und binde sie zu einem Ring zusammen (mindestens 30 cm Durchmesser).
3. Knote den Ring über Kopfhöhe an den Ast eines Baumes. Seine Oberkante sollte den Ast berühren, sodass er still hängt. Sonst dreht er sich weg.
4. Versucht nun abwechselnd, mit euren Zapfen den Ring zu treffen. Wer schafft es, die meisten Zapfen durch den Ring zu werfen?

Klettern, springen, balancieren

Du brauchst:
Kletterseil, 3 Handtücher, Baumstumpf oder dicken Stein, Bäume, Fotoapparat oder Handy mit Fotofunktion, einen Erwachsenen

Lust auf einen Hindernisparcours im Wald? Es kann sofort losgehen: Hüpfe über einen Baumstumpf oder einen großen Stein. Springe im Zickzack über einen liegenden Ast oder Stamm. Mach einen Handstand gegen einen Baumstamm (räume vorher spitze Steine und Äste vom Boden weg und lege weiches Moos hin).

Spanne das Seil zwischen zwei Bäume. Lege jeweils ein Handtuch als Baumschutz unter die Schlinge. Viel Spaß beim Balancieren!

Zimmermannsknoten:

Schmetterlingsknoten:

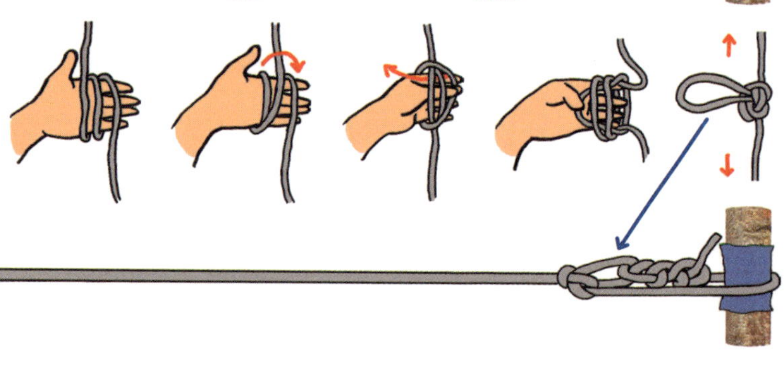

Würgeknoten:

Verknote das Kletterseil mit dem Würgeknoten an einem waagerechten Ast. Um den Baum zu schonen, legst du ein Handtuch unter die Schlinge. Ans untere Seilende machst du einen Affenknoten. Darauf kannst du stehend schaukeln.

Affenknoten:

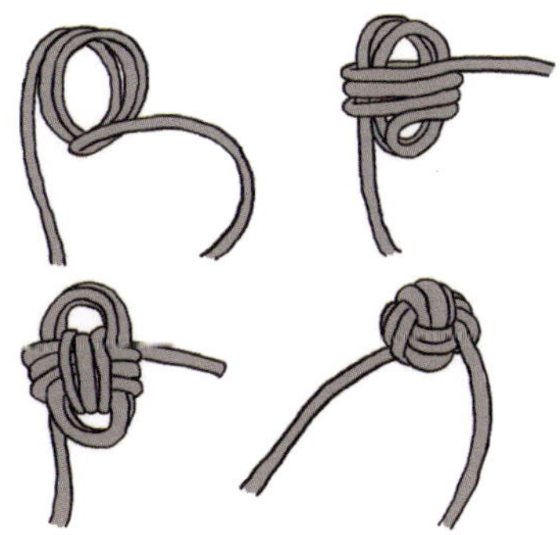

So sieht ein echter Champion aus:

Das beste Hindernis meines Parcours:

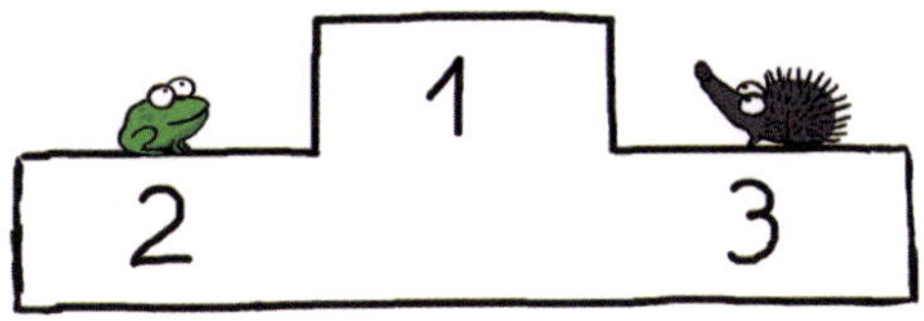

Wikingerschach aus Tannenholz

Du brauchst:
Säge, 2 Äste aus Tannenholz (7 cm dick, 90 cm lang), Maßband, Bleistift, Feile, Kinderschnitz- oder Taschenmesser, 6 Stöcke (3,5 cm dick), 4 dünne Stöcke, einen Erwachsenen, einen Mitspieler

So sieht ein fertiges Wikingerschachspiel aus:

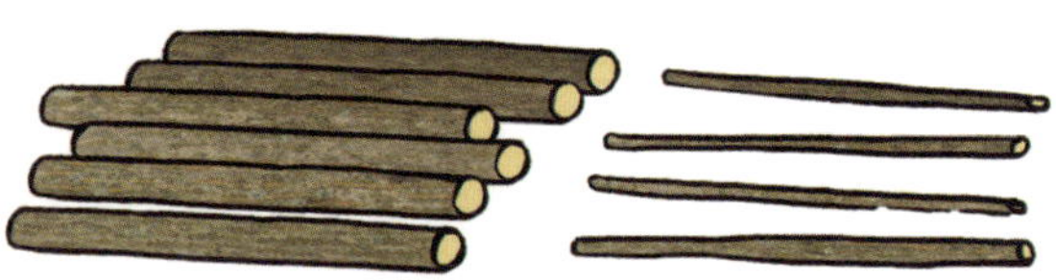

So stellst du die Spielmaterialien selbst her:

1. Säge den ersten Ast in sechs Stücke zu 15 cm (Kubbs). Sie müssen ganz gerade Schnittflächen haben, sodass sie später aufrecht stehen können.
2. Zerteile den zweiten Ast in vier Kubbs zu 15 cm und in ein Stück mit 30 cm Länge, das wird der König.
3. Schnitze in fünf Kubbs je einen Ring. Der König bekommt eine Krone.
4. Säge die sechs Stöcke auf 30 cm Länge ab, das sind die Wurfhölzer.
5. Nutze die dünnen Stöcke zur Markierung der Spielfeldecken.

So baust du das Spiel auf:

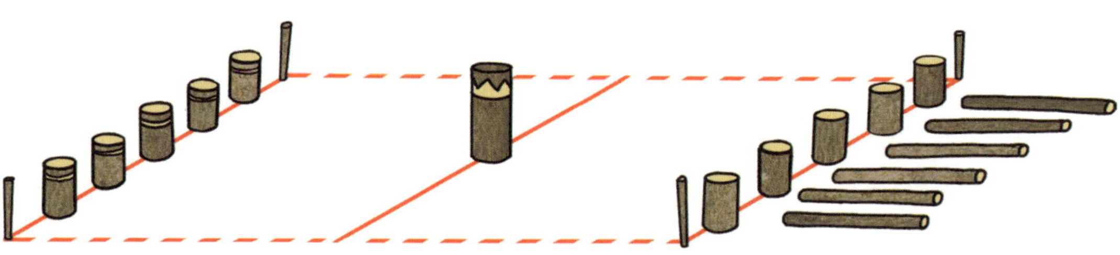

Und so wird gespielt:

1. Du beginnst: Versuche, mit den sechs Wurfhölzern möglichst viele Kubbs auf der Grundlinie deines Freundes umzuwerfen (Basiskubbs).
2. Dein Freund wirft seine getroffenen Basiskubbs in deine Spielhälfte. Dort stellst du sie an der Stelle auf, wo sie gelandet sind (Feldkubbs).
3. Dein Freund sammelt die Wurfhölzer ein und wirft nun möglichst viele seiner Feldkubbs in deiner Hälfte um. Danach sammelt er die Wurfhölzer noch einmal ein.
4. Dein Freund greift nun mit sechs Würfen deine Basiskubbs an (Ablauf wie oben).
5. Wenn nur noch Feldkubbs stehen, habt ihr beide abwechselnd sechs Würfe. Wer als Erster alle seine Feldkubbs getroffen hat, darf auf den König zielen. Wer den König umwirft, gewinnt.

Tipp: Statt zu zweit zu spielen, könnt ihr auch Mannschaften bilden und euch gegenseitig beim Werfen anfeuern.

Mein Team und ich:

Zu meinem Team gehören:

Weitere Informationen auf: www.wikingerschach-kubb.de

Ein Tag am See

Du brauchst:
Schwimmbrille, 2 aufblasbare Wasserbälle, 3 Mitspieler

Jede Menge Spaß im Wasser:

- Ein Mitspieler ist Agent, die anderen drei werden Kommissare. Nur der Agent darf tauchen und bekommt eine Schwimmbrille. Die anderen zählen mit geschlossenen Augen bis zehn. Danach suchen sie den Agenten schwimmend. Der Fänger wird der nächste Agent.
- Die beiden kleinsten Kinder setzen sich auf die Schultern der größeren und ringen miteinander.
  Welches Team fällt zuerst ins Wasser?
- Bildet zwei Teams und bestimmt eine Rennstrecke. Jede Mannschaft muss ihren Wasserball ins Ziel bringen, ohne ihn zu berühren! Nur Wellenmachen ist erlaubt. Welcher Ball kommt zuerst an?

Wasserwettlauf mit Ei

Du brauchst:
Wasser (See, Bach oder Eimer), 6 hart gekochte Eier (4 als Ersatz), 2 kleine Löffel, Messbecher, einen Mitspieler

Und so wird gespielt:

1. Löffle dein Ei aus. Die Eierschale, außer dem abgeschlagenen Teil, muss unversehrt bleiben!
2. Lege einen Startpunkt am Ufer (oder am Eimer) und ein Ziel fest. Dort stellst du den Messbecher hin.
3. Für den Weg dazwischen bestimmst du Hindernis-Regeln, zum Beispiel: über einen liegenden Baumstamm klettern, unter einem niedrigen Ast hindurchrobben oder auf Kies oder Sand rückwärtslaufen.
4. Fülle dein Ei am Start mit Wasser und nimm es vorsichtig in eine Hand. Es darf weder kippen noch zerbrechen — sonst läuft das Wasser raus.
5. Los geht's: Schaffst du es, alle Hindernisse zu überwinden und dabei möglichst wenig Wasser zu verschütten? Der Rest kommt in den Messbecher.
6. Nach drei Durchgängen ist dein Mitspieler dran. Wer sammelt mehr Wasser?

Angelspiel

Du brauchst:
1 biegsamen, dünnen Zweig (60 cm lang), Bastelschnur (1 m), Pfütze, Regenkleidung, Gummistiefel, 2 kleine Magnete, Anstreicher-Klebeband, stahlhaltige Münzen (1-, 2- und 5-Cent-Münzen), einen Mitspieler

Und so geht's:

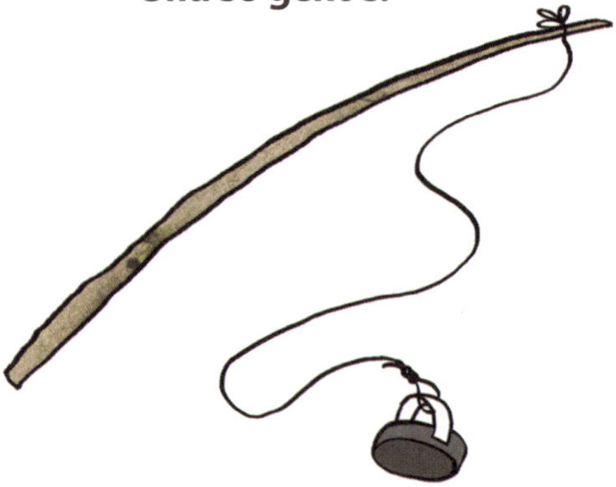

Achtknoten:

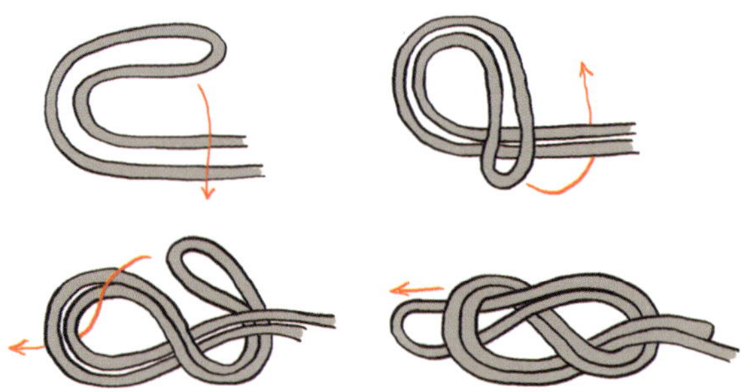

1. Binde die Bastelschnur an das dünnere Ende des Zweigs.
2. Ans andere Ende der Bastelschnur machst du einen Achtknoten mit Schlaufe.
3. Durch die Schlaufe steckst du ein Stück Klebeband und klebst daran das obere Ende des Magneten, wie das Bild es zeigt.
4. Wirf die Münzen in eine Pfütze und fische sie mit deiner Magnet-Angel heraus.
5. Dann ist dein Mitspieler dran. Wer angelt die meisten Münzen? Wer angelt die größten? Wer angelt die kleinsten Münzen?

Steinzeit-Maler

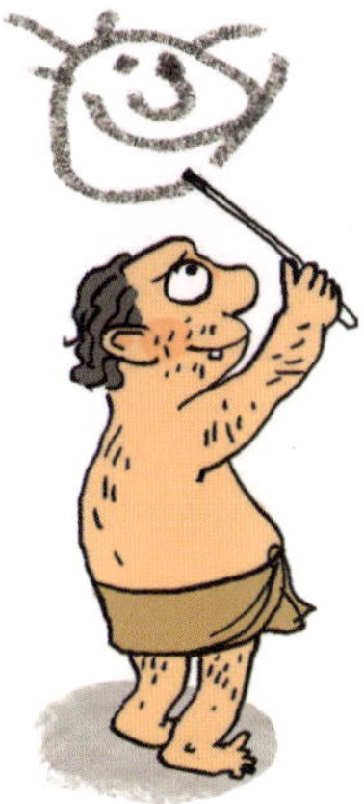

Du brauchst:
Kerze, Feuerzeug, weiße, gelbe und rote Straßenkreide, Stifte oder Fotoapparat oder Handy mit Fotofunktion, einen Erwachsenen

Wandere zu Felswänden in der Natur und überlege dir, mit welchen Motiven und Farben du sie verzieren möchtest. Steinzeit-Schwarz kannst du leicht selbst herstellen, indem du die Spitze eines Stöckchens in einer Kerzenflamme verkohlen lässt. Fertig ist dein Kohlestift! Die Straßenkreiden sind für farbige Bilder. Suche auch nach weichen Steinen in der Umgebung. Probiere aus, ob sie sich als weiße oder farbige Kreiden eignen.

Dann legst du los. Nutze die natürlichen Wölbungen der Felsen, um deine Tierkörper plastisch hervortreten zu lassen. Zum Schluss fotografierst du deine Kunstwerke oder malst sie ab, bevor sie mit dem nächsten Regen abgewaschen und weggespült werden.

Mein schönstes Steinzeit-Bild:

Gemalt am: ______

Hier steht der Felsen:

______

Morsen in der Finsternis

Du brauchst:
2 Taschenlampen, 2 Kopien des Morsealphabets, Zettel und Stift, einen Mitspieler, einen Erwachsenen

Vor knapp 200 Jahren erfand Samuel Morse ein Alphabet, das nur aus Punkten und Strichen besteht. So kannst du Lichtsignale zu Buchstaben machen! Je düsterer die Nacht ist, desto besser ist sie für das Morsespiel. Sucht euch eine besonders dunkle Stelle im Freien und stellt euch einige Meter voneinander entfernt auf. Jeder bekommt eine Taschenlampe und eine Kopie des Morsealphabets. Ein Mitspieler ist der Sender. Er schickt mit der Taschenlampe lange (—) und kurze (•) Lichtsignale, zum Beispiel:

SOS (Notruf): • • • — — — • • •

Sonne: • • • / — — — / — • / — • / •

WC: • — — / — • — •

Der Empfänger schreibt die Signale mit und versucht, sie mithilfe seines Alphabets zu entschlüsseln. Denkt euch eigene kurze Wörter aus und morst sie. Tauscht die Rollen, wenn drei Signale erraten sind.

Das heute gültige internationale Morsealphabet:

A • —	N — •	1 • — — — —
B — • • •	O — — —	2 • • — — —
C — • — •	P • — — •	3 • • • — —
D — • •	Q — — • —	4 • • • • —
E •	R • — •	5 • • • • •
F • • — •	S • • •	6 — • • • •
G — — •	T —	7 — — • • •
H • • • •	U • • —	8 — — — • •
I • •	V • • • —	9 — — — — •
J • — — —	W • — —	10 — — — — —
K — • —	X — • • —	
L • — • •	Y — • — —	
M — —	Z — — • •	

Meine Spiel-Notizen:

Wort	geraten:	
	Spieler 1	Spieler 2

Kribbelige Grusel-Spiele

Schwarze Einsamkeit
Der Erwachsene und dein Mitspieler stellen sich etwas entfernt von dir auf (10 bis 20 m). Alle knipsen ihre Taschenlampen aus, es muss ganz finster sein. Wenn die beiden dich rufen, gehst du mutig auf sie zu. Im Stockdunklen ist das gar nicht so einfach! Aus welcher Richtung kam das Rufen? Wohin treten deine Füße? Was raschelt neben dir? Ist das wirklich nur ein dürrer Ast, der dich da pikst? Laufe nicht und mache keine hastigen Schritte.

Du brauchst:
stockdunklen Wald, 3 Taschenlampen, einen Mitspieler, einen Erwachsenen

Geisterjäger
Der erwachsene Begleiter ist das Gespenst. Er hält sich eine Taschenlampe unter sein Gesicht und knipst sie einmal kurz an und sofort wieder aus. Dann huscht er schnell an einen anderen Ort. Dort kommt wieder ein kurzer Lichtblitz auf das Geistergesicht. Fangt das Gespenst ohne eure Taschenlampen!

Schneeball-Schießbude

Du brauchst:
Schnee, einen Mitspieler

Spaziere in einen Park und suche eine Parkbank mit Rückenlehne. Wenn keine zu finden ist, tut es auch ein niedriger Zaun. Sammle acht kleine Gegenstände unter Bäumen, die sich als Schießbuden-Ziele eignen: Kiefernzapfen, kurze Holzstücke, Rindenstücke, Kastanien und so weiter. Lege die Dinge nebeneinander auf die Oberkante der Banklehne. Falls die Ziele schwierig auszubalancieren sind, kannst du sie mit etwas Schnee festpappen. Dein Mitspieler formt sich inzwischen einen kleinen Vorrat an Schneebällen. Wenn du fertig bist, wirft er nacheinander alle Ziele ab. Danach macht ihr es umgekehrt. Wer braucht weniger Würfe, um alle Ziele zu treffen?

Löwenzahn-Gänseblümchen-Salat

Du brauchst:
1 Schüssel voll hellgrüner Löwenzahn-Blättchen, 1 Hand voll Gänseblümchen-Blüten zum Garnieren, 5 Esslöffel Sonnenblumen-Öl, 2 Esslöffel Balsamico-Essig, Salz, Pfeffer, Petersilie, einen Erwachsenen

Gänseblümchen

Löwenzahn

Und so wird's gemacht:

1. Wasche die Löwenzahn-Blättchen und die Gänseblümchen-Blüten ab und lass sie abtropfen.
2. Verquirle das Öl, den Essig, Salz und Pfeffer mit einem Schneebesen in einer kleinen Schale.
3. Schneide die Petersilie klein und gib sie mit der Soße und den Löwenzahn-Blättern in eine Salatschüssel.
4. Vermische alles gründlich mit einem Salatbesteck.
5. Lass den Salat in der Soße eine halbe Stunde ziehen.
6. Zum Schluss garnierst du ihn mit den Gänseblümchen.

Tipp: Dazu passen hart gekochte Eier und frisches Baguette.

Lagerfeuer-Kartoffeln mit Nussquark

Du brauchst:
1 Handvoll Haselnüsse, 500 g Quark, Sonnenblumen-Öl, Salz, Pfeffer, dicke Kartoffeln (1 bis 2 Stück pro Person), Lagerfeuer, einen Erwachsenen

Noch ein bisschen Geduld, dann sind die Kartoffeln gar!

Und so wird's gemacht:

1. Lege die Nüsse in ein Geschirrtuch und knote die Ecken zusammen.
2. Schlage mit einem dicken Kieselstein so oft auf die Nüsse, bis alle geknackt sind und du die zerkleinerten Kerne einsammeln kannst.
3. Verrühre nun den Quark mit Öl, Salz und Pfeffer und gib nach und nach die gehackten Nüsse hinein.
4. Wickle die Kartoffeln einzeln in Alufolie und lege sie in die Glut deines Lagerfeuers. Lass dir dabei von dem Erwachsenen helfen!
5. Prüfe zwischendurch, ob die Kartoffeln gar sind, indem du mit einer Gabel durch die Alufolie stichst.
6. Sobald die Kartoffeln weich sind, kannst du sie dir zusammen mit dem Nussquark schmecken lassen.

Freiluft-Pfannen-Schmaus

Du brauchst:
Dosenpikser, 2 Konservendosen ohne Deckel und Boden, 1 Metallgitter, trockene Stöckchen, Feuerzeug, Camping-Pfanne (gasherdtauglich), Pflanzenöl, 4 Kartoffeln (gewaschen und klein geschnitten), 2 Hand voll Erbsen und Maiskörner, 1 Hand voll Esskastanien (Maronen), einen Erwachsenen

Und so wird's gemacht:

1. Stanze mit dem Dosenpikser Luftlöcher in den unteren Rand einer Konservendose. Dort wird später von unten Luft angesogen.
2. Lege das Metallgitter auf die Dose, verteile die Stöckchen darauf, zünde sie an und stülpe die zweite Dose darüber.
3. Stelle die Pfanne auf die obere Dose, gib etwas Öl und dann die übrigen Zutaten hinein. In 20 Minuten ist dein leckerer Pfannenschmaus fertig. Guten Appetit!

Winter-Schokolade

Du brauchst:
120 g Butter, 30 g flüssigen Honig, 60 g Puderzucker, 100 g gemahlene Haselnüsse, 2 Esslöffel echtes Kakaopulver, 1 Päckchen Vanillezucker, Schraubgläser, Esslöffel, Gefriertüte, Bändchen zum Verschließen

Hmm ... das sieht schon richtig lecker aus!

Und so wird's gemacht:

1. Erwärme die Butter bei niedriger Temperatur auf dem Herd, bis sie flüssig ist.

2. Nimm den Topf vom Herd und gib die übrigen Zutaten in kleinen Portionen dazu. Rühre kräftig um, damit keine Klümpchen entstehen.

3. Fülle die Masse in die Gläser und lass sie abkühlen.

4. Nimm einen gut gefüllten Esslöffel deiner Schokocreme aus dem Glas, stülpe eine Gefriertüte darüber und binde sie mit einem Bändchen um den Löffelstiel fest.

5. Lege den Löffel nach draußen.

6. Nach einem einstündigen Winter-Spaziergang ist dein Schoko-Nuss-Lolli hart.

Fotonachweis

Titel: www.shutterstock.com/Magdanatka (Luchs), www.fotolia.com/matka_Wariatka (Hände), www.istockphoto.com/monap (Lagerfeuer), Susanne Tommes (Junge)
Rückseite des Buches: www.fotonatur.de/Holger Duty (Uhu), www.istockphoto.com/ra-photos (Geocache)
Vorsatzpapier: www.shutterstock.com/ Holly Kuchera
Seite 5: Susanne Tommes
Seite 6: picture alliance/PhotoAlto
Seite 8: www.shutterstock.com/Alexander Erdbeer (Kohlmeise), www.shutterstock.com/Nigel Dowsett (Elster), www.shutterstock.com/Gabriela Insuratelu (Graureiher), www.shutterstock.com/Jozef Sowa (Rotkehlchen), www.fotolia.com/DirkR (Mäusebussard)
Seite 9: www.istockphoto.com/hsvrs (Kraniche), www.shutterstock.com/Delmas Lehman (Wildgänse)
Seite 10: „Schistostega pennata (a, 144640-481257) 3032“ von HermannSchachner - Eigenes Werk. Lizenziert unter Creative Commons Zero, Public Domain Dedication über Wikimedia Commons (Leuchtmoos), www.shutterstock.com/ wjarek (Stalaktiten), www.shutterstock.com/ Dumitrescu Ciprian-Florin (Stalagmiten)
Seite 12: www.shutterstock.com/Magdanatka
Seite 13: www.shutterstock.com/Holly Kuchera
Seite 15: NASA
Seite 16: www.shutterstock.com/alisalipa (Schichtwolken), www.shutterstock.com/C_Eng-Wong Photography (Federwolken), www.shutterstock.com/Dario Lo Presti (Gewitterwolken), www.shutterstock.com/vvoe (Schäfchenwolken)
Seite 21: www.fotonatur.de/Holger Duty (Gallen der Eichengallwespe, Puppe des Kleinen Fuchses), www.fotonatur.de/Steffen Schellhorn (Kokon des Nachtpfauenauges)
Seite 24: www.shutterstock.com/Chik_77
Seite 25: www.fotolia.com/Jumo (Schwebfliege), www.shutterstock.com/Gelner Tivadar (Wespe), www.shutterstock.com/Alexandra Giese (Tagpfauenauge), www.istockphoto.com/stephanmorris (Veränderliche Krabbenspinne), www.shutterstock.com/Tyler Fox (Spannerraupe)
Seite 26: www.shutterstock.com/JIANG HONGYAN (Ahornsamen), www.shutterstock.com/ Tim UR (Birne)
Seite 27: www.shutterstock.com/oriori (Kastanien), www.shutterstock.com/trabachar (Holunderbeeren), www.shutterstock.com/Almaran (Bucheckern), www.shutterstock.com/Madlen (Hagebutten der Heckenrose), www.shutterstock.com/Dionisvera (Eicheln)
Seite 28: picture alliance/blickwinkel/A. Hartl
Seite 29: www.shutterstock.com/Kletr (Birke), www.istockphoto.com/Sieboldianus (Eiche), www.shutterstock.com/RTimages (Buche)
Seite 31: www.shutterstock.com/francesco de marco
Seite 32: www.shutterstock.com/Dimitar Bosakov
Seite 34: www.fotolia.com/Andrea Wilhelm
Seite 41: www.shutterstock.com/Kletr
Seite 49: www.shutterstock.com/Jayne Gulbrand
Seite 52: www.shutterstock.com/meth
Seite 53: picture-alliance/Revierfoto
Seite 54: www.shutterstock.com/Markus Dollinger
Seite 55: www.istockphoto.com/ra-photos
Seite 57: www.shutterstock.com/RONORMANJR
Seite 58: www.shutterstock.com/Tamara Kulikova (Ahornblatt), www.shutterstock.com/ Kesu (Fichtenzapfen), www.shutterstock.com/ ravl (Haselnüsse), www.shutterstock.com/andersphoto (Kiefernzapfen), www.shutterstock.com/ Dionisvera (Eicheln), www.shutterstock.com/ haraldmuc (Buchenblatt)
Seite 67: picture alliance/Yvan Travert/ akg-images
Seite 72: www.shutterstock.com/JuliaLine (Löwenzahn), www.shutterstock.com/Vahan Abrahamyan (Gänseblümchen)
Seite 73: www.istockphoto.com/monap
Seite 75: www.shutterstock.com/Yulia Davidovich
Nachsatzpapier: www.shutterstock.com/ Jayne Gulbrand

Noch mehr für Abenteurer

ISBN 978-3-649-61574-3

ISBN 978-3-649-61702-0

ISBN 978-3-649-61932-1

ISBN 978-3-649-61513-2

ISBN 978-3-649-61581-1

ISBN 978-3-649-62146-1

ISBN 978-3-649-61933-8

ISBN 978-3-649-61577-4

ISBN 978-3-649-61915-4

ISBN 978-3-649-61824-9

ISBN 978-3-649-61771-6

ISBN 978-3-649-61646-7

Überall im Handel erhältlich und unter www.coppenrath.de!